RELATION

De

La Battaille donnée près des *Forêts de Sart*, & de *Janfart* dans le Hainaut, le 11. Septemb. 1709. avec plufieurs Circonftances, qui l'ont précedée & fuivie, depuis le 9. jufqu'au 17. du même mois : avec la *Lifte* des morts, & des bleffés,

ET

La Lettre d'un Officier de diftinction de l'Armée de France, contenant auffi une *Relation* fort curieufe de ladite Bataille.

l'An M DCCIX.

RELATION

De la Bataille donnée pres des Forets de Sart, & de Janfart dans le Hainaut, le 11. Sept. 1709. avec plufieurs Circonftances, qui l'ont prétedée & fuivie, depuis le 9. jufqu'au 17. du même mois : avec la Lifte des morts, & des bleffés.

LA Cour de france confternée de la prife de Tournai, craignant encore quelque chofe de pis, ordonna à Mr. de Villars, de livrer Bataille à l'Ennemi, plûtôt que de lui laiffer faire tranquillement tout ce qu'il voudroit, lui aiant d'abord paru que *Mons* étoit le principal objet des Alliés, il fe mit en état de s'y oppofer. Mais le 9. Sept. 1709. On commanda, du côté des Alliés, 30. Efcadrons, pour efcorter tous les Généranx, qui s'étoient affemblez au *Moulin à vent de Sarte*, pour aller reconnoître tout le terrain de l'Armée énemic. Mais aiant remarqué du *Camp* du Duc de Marlborough, qui n'en étoit éloigné que d'environ une lieüe & demie, qu'elle étoit en pleine marche & cela aiant été confirmé tant par les déferteurs & prifonniers, que

)o(

par

par d'autres voïes, on se départit de ce
dessein. On conjectura de ce mouvement, qu'elle vouloit poster des troupes entre *deux Bois & des Buissons*, qui
est un terrain à y pouvoir mettre tout
au plus 30. à 40. Escad: qu'ainsi il y a-
voit apparence, qu'elle accepteroit le
combat & qu'elle tâcheroit à pénétrer
dans la plaine par ces deux *Bois*. Sur
quoi, le Duc de Marlborough fit avancer son Armée campée vers le *Petit-*
Quevi & Gogni Gauchi & mit sa droite à
un *Bois* & la gauche presque à la por-
tée du mousquet des énemis. Dans
cet état tout le monde fut persuadé,
qu'il y auroit une Action Générale. Les
énemis aiant vû nôtre mouvement
s'arrêterent. Mais comme une bonne
partie de nôtre Armée étant encore
loin, ne pouvoit arriver de plusieurs
heures & qu'il survint une grosse pluie,
nous ne pûmes les attaquer. Sans-con-
ter, qu'il étoit nécessaire de reconnoître auparavant avec plus d'exactitude
leur terrain & d'attendre l'Armée du
Prince Eugéne, qui ne pouvoit arriver que le lendemain au matin, ni même se mettre en marche, qu'après a-
voir bien découvert le dessein des énemis, qui avoient fait comprendre jusqu'alors, qu'ils avoient intention de
s'avancer vers elle & de l'aller attaquer
dans le *Camp de Quaregnon*. Après cela on fit dire à ce Prince, qu'il laissât
derriére les bagages & qu'il se mit en
marche avec l'Armée. Cependant, cel-
le

le de Milord Marlborough aiant fait revenir ſes tentes, réſolut de paſſer la nuit, dans cette ſituation. Vers le ſoir du même jour, les deux Armées commencerent à s'entrécanoner.

Le 10. l'Armée du Prince Eugéne ſe mit en marche. On détacha 14. Bat. pour ſoûtenir, en cas de beſoin, l'Infanterie de *l'Aile Droite* du Duc de Marlborough. Les mauvais chemins & l'obſcurité de la nuit obligerent cette Armée à faire alte. Mais au point du jour, elle ſe remit en marche ſur les ordres réïterez qu'elle reçût. On lui marqua cependant le terrain, qu'elle devoit occuper. Mais en attendant le tems de s'y venir poſter, on lui fit ſavoir de demeurer, où elle étoit.

Le Duc de Marlborough fit commencer au point du jour, à canonner les énemis, qui s'étoient retranchez de toutes leurs forces pendant la nuit & avoient dreſſé des batteries, dont ils tirerent pourtant fort peu durant le jour.

Le Prince Eugéne & le Duc de Marlborough avec les autres Généraux reconnurent le terrain, les avenües & la ſituation du Camp des énemis. On réſolut de les attaquer le lendemain à la pointe du jour, *avec l'Aide de Dieu* & cette Réſolution fut priſe unanimement, parce qu'on ſavoit, que les troupes, qui étoient devant la *Citadelle de Tournai*, devoient arriver au *Camp*, à l'entrée de la nuit. On arrêta, qu'elles feroient féparement leur attaque & on régla celles des deux Armées.

Suivant cette difpofition, toute l'Infanterie Hollandoife de *l'Aile Gauche* du Duc de Marlborough devoit charger la *Droite* des enemis, qui étoit couverte de *bons Retranchemens* devant le *Bois de Lagnieres* & d'un autre auffi bon au delà de ceux là. Vingt & un Efcad. devoient la fuivre fur 2. Lignes, pour la foûtenir, quand elle auroit pénétré par le *Bois* dans la *Plaine*. Le refte de la Cavalerie de cette *Aile* devoit être pofté d'une tellemaniére, qu'il pût fe tourner à droit ou à gauche fuivant le befoin, qu'on en auroit.

Huit Bat. Anglois de *l'Aile Droite* du Duc de Marlborough eurent ordre d'attaquer un autre *Bois Retranche* à la *Droite* des énemis, nommé le *Bois de Sarte* & on deftina quelques Bat. Pruffiens & de Hannover, pour les foûtenir. Le refte de l'Infantérie de cette *Aile* devoit fe tenir dans une telle fituation, qu'elle fût en état, à mefure que les énemis feroient pouffez par le *Bois* de nôtre *Droite*, de s'avancer vers le *Retranchement*, que les énemis avoient fur une petite *Hauteur* entre les deux *Forêts*. Trente Efcad. devoient fuivre cette Infanterie & le refte de la Cavalerie de *l'Aile Droite* avoit ordre de marcher après tous ces Corps, pour pénétrer entre les deux *Bois* dans la *Plaine* & pour s'y former & étendre le plus qu'elle pourroit, afin d'attaquer la Ca-
va-

valerie de *l'Aile Gauche* des énemis.

L'Infanterie de l'Armée du Prince
Eugéne eut ordre de former 3. Colon-
nes & d'attaquer dans cette difpofition
la Forêt de *Blangis* fort bien retran-
chée & fituée auprès de celle de Sarte,
affez prés du *Front* de l'Infanterie de
l'Aile Gauche du Duc de Marlborough
& de tâcher de gagner la *Plaine* jufqu'à
la *Gauche* des énemis.

La Cavalerie de cette Armée devoit
foûtenir celle de Milord Duc, pour
s'emparer des *Retranchemens* d'entre les
deux *Bois*, à mefure que les François
en feroient chaffez & fe pofter enfuite
devant la *Droite* de la Cavalerie de Milord Duc, dés que le terrain le lui pér-
mettroit.

Les troupes, qui étoient arrivées devant la *Citadelle de Tournai*, furent de-
ftinées à former leur attaque féparement à la *Droite*.

Aiant eu avis, que les énemis avoient
tiré 3. Bat. de *St. Guilain*, on ordonna
aux troupes du *Blocus* de Mons, d'envoïer fommer cette Place de fe rendre
pàr un Détachement & de l'attaquer en
cas de refus. Comme la Garnifon dé-
clara d'abord, qu'elle vouloit fe défen-
dre, on l'attaqua. Mais péu de mo-
mens aprés, elle batit la Chamade & fe
rendit prifonniére de guerre au nom-
bre d'environ 200. h. On y trouva 5.
piéces de canon avec une affez grande
quantité de provifions de guerre & de
bouche.   )o(3   Le

Le 11. au point du jour, les troupes à la faveur d'un broüillard épais, se mirent en marche & se posterent avec toute la promtitude possible. On eut le tems de planter l'artillerie & de faire toutes les autres dispositions réglées le jour précedent, ou jugées pour lors nécessaires.

Toutes les troupes occupant leurs postes & le broüillard s'étant un peu dissipé, on commença par tout à canonner avec bien du succés & en même tems, les troupes s'ébranlerent *au Nom de Dieu* & l'Infanterie de la *Droite* & de la *Gauche* marcha aux énemis. En moins d'une heure, nôtre Mousqueterie chargea les *Bois* à nôtre *Droite*.

L'attaque fut fort vigoureuse & le feu de part & d'autre aussi vif qu'on peut se l'imaginer. Nôtre *Droite* pénétra bien dans les *Bois*. Mais elle fut arrêtée par d'autres *Retranchemens*, que les énemis y avoient fait & par l'épaisseur du *Bois*, le tout bien garni d'Infanterie.

L'*Aîle Gauche* aïant attaqué le *Retranchement* de la *Droite* des énemis, s'en empara. Mais l'autre Infanterie, qui étoit en action contre lés *Bois* de nôtre *Droite* ne pouvant pas la soûtenir, il lui fut impossible de passer plus avant, parce qu'elle trouva d'autres *Retranchemens* & plusieurs petites *Hauteurs* garnies d'artillerie. Ainsi le feu fut fort long & fort violent de ce côté-la.

Ce-

Cependant, on combatoit à nôtre *Droite* avec beaucoup d'ardeur. Mais comme cette attaque étoit très-dificile, on ne peut se rendre entiérémèt maître du *Bois*, ni chasser les énemis de *Retranchement, en Retranchement*, qu'aprés 4. heures de combat. Il est vrai, qu'ils tenterent plusieurs fois, de nous en chasser. Mais on les reçût avec tant de résolution & de bravoure, qu'on les repoussa même avec la baïonnette au bout du fusil. Ensuite on passa le *Bois* & on se posta à l'entrée de la *Plaine*.

Pendant ce tems-là, l'Aile Gauche de Milord Duc chargea de nouveau les énemis avec tant de valeur & de fermeté, que les Soldats, plûtôt que de reculer un seul pas, aimoient mieux se faire tuer au pié du *Fossé du Retranchement* de l'énemi, qui étoit posté & retranché si avantageusement, qu'il étoit presque impossible de l'y forcer & de pénétrer en cet endroit, si de nôtre côté nous n'avions fait avancer à nôtre *Droite*, l'Infanterie, qui avoit passé le *Bois* & qui avoit pris poste dans la *Plaine* & les troupes, qu'on avoit mis au commencement de l'Action dans la *Plaine* entre les deux *Bois*, pour soûtenir la Cavalerie, si elle étoit attaquée par les énemis, qui gardoient leurs *Retranchemens*. Mais tout cela n'auroit pas encore sufi, si en même tems, on n'avoit attaqué un *Retranchement* sur une petite *Hauteur* La Cavallerie suivoit imédiatement l'Infanterie, qui de

 voit

voit lui faire ouverture dans les *Lignes*. On trouva au de là de ces *Lignes*, la Cavalerie énemie. Mais la nôtre n'aiant pas affez de terrain, pour fe former, elle fut obligée de combattre comme elle venoit. Elle pouffa pourtant au commencement les énemis. Mais n'aiant pû affez promtement fe mettre en Corps, elle fut auffi repouffée. Pour lui donner de l'effor & le tems de fe former, on ordonna à nôtre Infanterie de fe pofter fur le *Parapet du Retranchement* aprés avoir chargé les énemis. Cela aiant été exécuté le combat s'engagea avec toute la vigueur poffible entre la Cavalerie, de forte qu'avant que nous pûffions former 2. *Lignes* de troupes, on fe pouffa & repouffa en plufieurs endroits à diverfes reprifes, jufqu'à ce que nous eumes chaffé entiérément les énemis

On combatoit avec un pareil fuccés à *l'Aile Gauche* du Duc de Marlborough, malgré la refiftance opiniatrée des François. Enfin aiant été enfoncez par tout, on les pourfuivit de toutes parts bien loin au de là de leur Camp, jufqu'à 6. heures du foir: l'Action aiant duré jufqu'à 3.

Il eft dificile de fe repréfenter au jufte la fituation avantageufe des énemis. Leurs *Retranchemens* étoient triples & il y avoit des endroits, où ils en avoient commencé un quatriéme. Les deux *Flancs* étoient couverts par deux *Bois Retranchez & Garnis d'artillerie*, comme fi on avoit dû les y affiéger. Ce

Ce qui fait, qu'on ne sauroit jamais
assez exprimer la bravoure & l'intrépi-
dité tant des Hauts & Bas Oficiers, que
des Soldats, qui ont combattu. D'où
il est facile de juger, que cela n'a pû se
faire sans y perdre beaucoup de monde & que le carnage a été fort grand, a-
vant que de forcer tant de *Retranchemens*
& autres Postes avantageux des énemis.
Les diferentes Nations, qui composent
nos deux Armées, rendent dificile la
connoissance de leur perte. Mais avec
le tems on en pourra donner une plus
juste idée. Celle des énemis ne sauroit ê-
tre que trés-considerable. Et on en de-
meurera d'acord, si on fait attention à
la vigoureuse fermeté de nos attaques
& à la chaleur de nôtre poursuite, qui
dura depuis les 3. heures aprés-midi,
qui bornerent l'Action, jusqu'à 6. heures. Nos deux Armées passerent la
nuit, sur le Champ de Bataille.
Le 12. on visita la situation du *Camp*
& les divers *Retranchemens* des énemis
& tout le monde fut surpris de ce qu'on
avoit pû les en chasser, attendu qu'ils
y avoient toutes leurs meilleures troupes & qu'une partie des nôtres étoient
au *Blocus de Mons, à la Garde des Baga-*
ges & en Garnison à Tournai, outre un
gros Détachement sous les ordres du Gé-
néral Vielke. Si bien qu'aprés avoir fait
des meures reflexions sur toutes ces
circonstances, on ne put s'empêcher
de donner encore une fois des loüan-
ges immortelles à la valeur & à l'intré-

pidi-

pidité de nos troupes. Environ midi,
on donna ordre aux deux Armées, de
retourner dans leur *vieux Camps* avec
leur Bleffez. Ce qu'elles exécuterent.
Cependant, on aprit, que les énemis
continuoient à fuir avec précipitation
du côté de Quefnoi & de Valenciennes.

Le 13. il nous vint des déferteurs par
centaines & nos fréquens Partis nous
rapporterent, qu'ils avoient trouvé les
Villages, les Broffailles & lès Forêts
tout pleins de Morts & de Bleffez &
que dans la feule petite Ville de *Bavaï*
il y avoit plus de 30. Oficiers & prés
de 400 Soldats. Ce qui nous fit juger, que la perte des énemis eft fort
grande. La Maifon du Roi doit avoir
foufert extrémement. Le Meréchal
de Villars a été bleffé. Nous avions
dés lors plus de 400. Oficiers &
2000. Soldats prifonniers & on
continuoit à en amener à tout moment.
Mais comme la plûpart des Oficiers &
des Soldats étoient bleffez, dépoüil-
lez & fort miférables, on permit aux
prémiers de fe retirer fur leur parole.
Pour preuve de cette fignalée Victoire,
nous primes aux énemis 17. *piéces de canon*, 40. *à* 50. *Drapeaux & quelques Pai-
res de Timbales.*

Le 14 on eut la confirmation, que
les énemis étoient campez entre le
Quefnoi & Valenciennes : que le Maré-
chal de Villars étoit bleffé au génou &
que la perte étoit extrémement grande,
fur

sur tout en Généraux & en Oficiers.
De nôtre côté on s'occupa férieuse-
ment à faire toutes les difpofitions né-
ceffaires pour le Siége de Mons.

Le 15. on chanta le *Te Deum* en action
de graces pour cette Signalée Victoire, au bruit de l'artillerie & de la mouf-
quetterie. On permit aux énemis de
ramaffer leurs Bleffez dans les *Buiffons,
Bois & Maifons de Campagne*, à condi-
tion qu'ils feroient regardez comme
prifonniers de guerre & qu'ils nous en
feroient raifon dans les échanges. Les
énemis étoient encore ce jour-là, entre le *Quefnoi* & *Valenciennes.* Divers
avis nous marquerent, que leur perte
eft de plus de 20000. hommes.

Le 16. on fut reconnoître le terrain
aux environs de *Mons* & les lieux, par
où on doit faire les attaques.

On continue aujourdui, à faire les
préparatifs de ce fiége, en attendant la
groffe artillerie, dont la plûpart eft dé-
ja arrivée par eau à Bruxelles. On a
ordonné cependant, d'envoïer fans dé-
lai nos Bleffez dans les Villes voifines,
pour les y faire traitter plus commo-
dement & pour n'en être pas emba-
raffez dans nos mouvemens.

On ne fçait pas encore au vray com-
bien les Imperiaux & les Anglois ont
perdu:

 Voici

Des 30. Bataillons Hollandois qui étoient à l'Aile Gauche. Du premier Bataillon des Gardes, 2 Enseignes, 1 Sergeant, & 11 Soldats blessés.

1. Tambour & 10. Soldats *tués*.

Du second Bataillon des Gardes, 2 Capitaines, 1 Lieutenant, 1 Enseigne, 2 Sergeants, 4 Tambours, & 164 Soldats *tués*.

Et 2 Capitaines, 5 Lieutenants, 10 Sergeants, 3 Tambours, & 300 Soldats *blessés*.

Du troisième Bataillon des Gardes, 1 Colonel, 1 Capitaine, 2 Lieutenants, 4 Enseignes, 3. Sergeants, 1 Tambour, & 113 Soldats *tués*.

Et 4 Capitaines, 4 Lieutenants, 1 Enseigne, 6 Sergeants, 2 Tambours, & 89 Soldats *blessés*.

Du second Bataillon d'Orange, 1 Capitaine, 3 Lieutenants, 2 Enseignes, 3 Sergeants, & 70 Soldats *tués*.

Et 2 Majors, 9 Capitaines, 7 Lieutenants, 13 Enseignes, 20 Sergeants, 1 Tambour, & 332 Soldats *blessés*.

Du Regiment de Heuckelom, 1 Lieutenant Colonel, 1 Capitaine, 2 Lieutenants, 1 Enseigne, 5 Sergeants, & 52 Soldats *tués*.

Et 1 Major, 7 Capitaines, 7 Lieutenants, 1 Enseigne, 11 Sergeants, & 124 Soldats *blessés*.

De

De celui d'Oxenstern, 1 Colonel, 1 Major, 3 Capitaines, 1 Lieutenant, 3 Sérgeants, & 38 Soldats *tués*.

Et 1 Lieutenant Colonel, 2 Capitaines, 3 Lieutenants, 5 Enseignes, 8 Sergeants, & 140 Soldats *blessés*.

De Heyden, 3 Lieutenants, 2 Enseignes, 2 Sergeants, & 58 Soldats *tués*.

Et 1 Lieutenant Colonel, 1 Major, 2 Capitaines, 4 Lieutenants, 6 Enseignes, & 2 Sergeants, 1 Tambour, & 140 Soldats *blessés*.

De Dhona, 1 Major, 1 Capitaine, 4 Lieutenants, 6 Sergeants, 1 Tambour, & 97 Soldats *tués*

Et 1 Lieutenant Colonel, 2 Capitaines, 3 Lieutenants, 2 Enseignes, 9 Sergeants, 3 Tambours, & 145 Soldats *blessés*.

De Pallandt, 1 Lieutenant, 1 Enseigne, 2 Sergeants, & 47 Soldats *tués*.

Et 1 Lieutenant Colonel, 1 Major, 5 Capitaines, 4 Lieutenants, 4 Enseignes, 5 Sergeants, & 142 Soldats *blessés*.

De Zoutland, 1 Lieutenant Colonel, 2 Capitaines, 1 Lieutenant, 2 Enseignes, 2 Sergeants, & 67 Soldats *tués*.

Et 1 Major, 4 Capitaines, 5 Lieutenants, 2 Enseignes, 12 Sergeants, & 195 Soldats *blessés*.

De VVelderen, 1 Capitaine, 2 Enseignes, 1 Sergeant, & 41 Soldats *tués*,   Et

Et 1 Colonel, 1 Lieutenant Colonel,
1 Major, 4 Capitaines , 4 Lieutenants,
5 Enseignes, 5 Sergeants, & 189 Soldats *blessés*.

De van der Beeck , 1 Colonel, 1
Lieutenant , 1 Enseigne, 2 Sergeants,
& 45 Soldats *tués*.

Et 1 Lieutenant Colonel ; 1 Major , 3 Capitaines, 3 Lieutenants , 4
Enseignes, 6 Sergeants, 2 Tambours,
& 147 Soldats *blessés*.

De Vegelin , 1 Major, 2 Capitaines,
1 Enseigne , 1 Sergeant, 2 Tambours,
& 58 Soldats *tués*.

Et 1 Lieutenant Colonel , 3 Capitaines, 5 Lieutenants , 5 Enseignes, 9
Sergeants, 2 Tambours, & 128 Soldats
blessés.

De Kepel , 1 Lieutenant Colonel ,
2 Capitaines, 2 Lieutenants , 1 Enseigne, 2. Sergeants, & 58 Soldats *tués*.

Et 4 Capitaines, 8 Lieutenants, 6 Enseignes , 4 Sergeants , & 238 Soldats
blessés.

De VVoudenbourg, 1 Major, 2 Capitaines, 1 Lieutenant , 3 Enseignes, 2
Sergeants, & 55 Soldats *tués*.

Et 1 Colonel, 5 Capitaines, 8 Lieutenants, 5 Enseignes , 10 Sergeants,
1 Tambour, & 171 Soldats *blessés*.

D'Ivoy , 1 Major, 2 Capitaines , 2
Lieutenants, 1 Enseigne, 1 Sergeant ,
& 47 Soldats *tués*.

Et 4 Capitaines, 3 Lieutenants , 8
Enseignes, 8 Sergeants, & 234 Soldats
blessés.

De

De Huffel, 2 Capitaines , 2 Lieutenants, 2 Enfeignes, 2 Sergeants, & 47
Soldats *tués*.

Et 5 Capitaines, 4 Lieutenants , 7
Enfeignes, 6 Sergeants, 5 Tambours ,
& 162 Soldats *bleffés*.

Des deux Bataillons de Sturler, 2 Capitaines, 1 Lieutenant , 1 Enfeigne, 13
Sergeants, 1 Tambour, & 240 Soldats
tués.

Et 1 Lieutenant Colonel , 1 Major ,
6 Capitaines , 7 Lieutenants , 3 Enfeignes , 15 Sergeants, 9 Tambours, &
& 391 Soldats *bleffés*.

De Berckhoffer, 1 Lieutenant Colonel, 3 Capitaines , 1 Lieutenant , 5
Enfeignes , 4 Sergeants , & 42 Soldats
tués.

Et 1 Major, 1 Capitaine , 5 Lieutenants, 5 Enfeignes, 9 Sergeants, & 157
Soldats *bleffés*.

De Rechteren, 2 Capitaines, 2 Lieutenants, 1 Enfeigne , 2 Sergeants , &
54 Soldats *tués*.

Et 1 Lieutenant Colonel , 5 Capitaines, 4 Lieutenants , 5 Enfeignes, 10
Sergeants, 1 Tambour , & 146 Soldats
bleffés.

Du Bataillon de May , 1 Capitaine , 3 Lieutenants, 2 Enfeignes ,
8 Sergeants, 4 Tambours, & 250 Soldats *tués*.

Et 1 Colonel 1 Major, 2 Capitaines, 7
Lieutenants, 1 Enfeigne, 20 Sergeants,
10 Tambours, & 282 Soldats *bleffés*.

De

De deux Bataillons de Schmit, 2.
Capitaines, 6 Lieutenants, 4 Enseignes, 4 Sergeants, & 111 Soldats *tués*.

Et 1 Colonel, 1 Major, 7 Capitaines, 6 Lieutenants, 4 Enseignes, 29
Sergeants, & 401 Soldats *blessés*.

Des deux Bataillons de Metrael, 1
Capitaine, 5 Lieutenants, 7 Sergeants,
& 197 Soldats *tués*.

Et 1 Colonel, 7 Capitaines, 6 Lieutenants, 3 Enseignes, 22 Sergeants,
& 377 Soldats *blessés*.

De Hebburn, 1 Colonel, 1 Lieutenant Colonel, 1 Capitaine, 2 Lieutenants, 4 Enseignes, & 7 Sergeants,
& 148 Soldats *blessés*.

De Tullibardin, 1 Colonel, 2 Capitaines, 3 Lieutenants, 2 Enseignes, 4
Sergeants, & 59 Soldats *tués*.

Et 5 Capitaines, 3 Lieutenants, 3
Enseignes, 8 Sergeants, & 165 Soldats
blessés.

De Fournier, 2 Capitaines, 5 Lieutenants, 6 Enseignes, 4 Sergeants, &
103 Soldats *tués*.

Et 1 Colonel, 1 Lieutenant Colonel, 1 Major, 6 capitaines, 5 Lieutenants, 5 Enseignes, 10 Sergeants, &
203 Soldats *blessés*. Total 2382. *tués*, &
6082. *blessés*.

Des 11. Bataillons Hollandois qui ont
été à l'Aîle droite, il y a eu dans le Regiment d'Erberfeld, 1 colonel, 1 Capitaine, 1 Lieutenant, 7 Sergeants &
49 Soldats *tués*.

Et

Et 1 Major, 2 capitaines, 5 Subalternes, 12 Sergeants, & 135 Soldats *blessés*, avec 40 Soldats *égarés*.

Dans celui de Caris, 1 capitaine, 1 Subalterne, & 23 Soldats *tués*.

Et 4 capitaines, 6 Subalternes, 2 Sergeants, & 44 Soldats *blessés*, avec 23 *égarés*.

Dans celui de VVolfembutel, 36 Soldats *tués*.

Et 1 capitaine, 1 Subalterne, 3 Sergeants, & 41 Soldats *blessés*, avec 7 autres Soldats *égarés*.

Dans celui de Bevern 1 Soldat *tué*.

Et 1 Subalterne & 30 Soldats *blessés*, avec 3 autres *égarés*.

Dans celui de Floor, 1 capitaine, 4 Sergeants, & 93 Soldats *tués*.

Et 1 colonel, 3 capitaines, 7 Subalternes, 6 Sergeants, & 124 Soldats *blessés*, avec 29 *égarés*.

Dans celui Delsuperhe, 1 Major, 4 Subalternes, & 50 Soldats *tués*.

Et 1 colonel *blessé*, 1 Lieutenant colonel *égaré*, 3 Capitaines *blessés*, 1 autre *égaré*, 3 Subalternes *blessés*, 2 autres *égarés*, & 114 Soldats *blessés*, avec 29 autres *égarés*.

Dans celui du Prince Maximilien, 1 Colonel, 1 Subalterne & 8 Soldats *tués*.

Et 2 Capitaines, 4 Subalternes, 1 Sergeant, & 58 Soldats *blessés*, avec 11 autres *égarés*.

Dans celui de. . . , 8 Soldats *tués*.

Et 1 colonel, 1 capitaine, 1 Subalterne, 2 Sergeans, & 51 Soldats *blessés*, avec 3 autres *égarés*. Dans

Dans celui de Castel, 1 Subalterne & 8 Soldats *tués*.

Et 21 Soldats *blessés*, 6 autres *égarés*.

Dans celui de Hercules, 1 colonel, 2 capitaines, 2 Subalternes, 6 Sergeants, & 173 Soldats *tués*.

Et 1 Lieutenant colonel, 3 capitaines, 10 Subalternes, & 75 Soldats *blessés*.

Dans celui de Cavanach, 1 capitaine, 4 Subalternes, 1 Sergeant, & 67 Soldats *tués*.

Et 1 colonel, 1 Lieutenant colonel, 4 capitaines, 11 Subalternes, 5 Sergeants, & 148 *blessés*, avec 5 autres *égarés*. Total 446 Hommes tués, & 1154 blessés ou égarés.

Des troupes auxiliaires de Danemarc, il y a pareillement eu 539 Officiers & Soldats *tués* ou *égarés*, & 750 autres *blessés*.

Des troupes auxiliaires de Prusse, 409 Officiers & Soldats *tués*, & 128 *blessés*.

Et des troupes auxiliaires d'Hanover, il y en a aussi eu 463 *tués*, & 1491 *blessés*, ou égarés.

Voici encore en particulier une Liste des Officiers Suisses au service de L. L. H. H. P. P. Les Etats Généraux, qui ont été tués, ou blessés à ladite bataille.

Au

Au Regiment de Monfieur le Brigadier May qui commandoit fa Brigade.

Tuéz

Le Capitaine de Geoffray.

Le Capitaine Lieutenant Tfcharner, Gottfrid.

Le Lieutenant Steiger de Muntzingen.

Le Sous-Lieutenant Schöni *bleffé à travers le corps, mort de fa bleffure.*

Les Enfeignes Murifles & Malherbe.

2. Sergeants, 4. Tambours , 250. Soldats *tuéz.*

Bleffés.

Mr. Le Brigadier May , *à la Joüe.*

Le Major de Graffenried, *au bras droit.*

Le Capitaine Risbach , *au pied gauche.*

Le capitaine Friderich de Graffenried, *à travers la Cuiffe.*

Le Capitaine Lieutenant de Diesbach , *au Col.*

Le Capitaine Lieutenant Berfet , *deux contufions.*

Le Capitaine Lieutenant Sigismond de Graffenried, *à travers le Col.*

Le Capitaine Lieutenant Tfchiffely , *le bras gauche emporté d'un coup de Canon , proche de l'Epaule.*

Le Capitaine Lieutenant Otth , *à travers le bras gauche.*

Le Lieutenant Tfcharner , *bleffé.*

Le Lieutenant Kilchberger . *à travers le corps , fous la mammelle droite.* Le

Le Sous Lieutenant de Graffenried *,
le talon emporté d'un coup de Canon.*
Le Lieutenant Matthei , *à la Jambe
gauche.*

Le Sous Lieutenant Manuel , *au bras
gauche, & à la tête.*
Le Sous Lieutenant Boüccher, *à la cuiffe gauche.*
L'Enfeigne Berfet , *a eu deux contufions.*
Le Cadets Balthafar & Lombach , *dan-
gereufement bleffés.*
10. Sergeants bleffés , 10. Tambours
& 282. Soldats.

Du prémiér Bataillon de Mai il n'eſt
reſté en ſanté que ſept Offi-
ciers.
Le Capitaine Tfchiffeli qui commandoit
le Bataillon.
Le Capitaine May.
Le Capitaine Lieutenant Matthei.
Les Enfeignes May, Schmaltz , & de
Louternau & Heni, & 130. hommes.

Monſieur le Brigadier Sturler , s'eſt trouvé à ſa brigade ,
& non à ſon Regiment.   Il n'eſt
reſté de ſes deux Bataillons que
le Capitaine Lieutenant Victor
Sturler , & le Lieutenant Samu-
el Jenner, & deux Enfeignes.
Le reſte a été tué ou
bleffé.   Le

Le Capitaine Lieutenant Rouvrai, *tué.*
Le capitaine Lieut. Chaillet, *tué.*
Mr. Le Lieutenant colonel de Gom-
mois , *dangereusement blessé à la
Cuisse.*
Le Major des Utins, *blessé legerement.*
Le capitaine Steck, *au bras gauche.*
Le Capitaine Stûrler *blessé en plusieurs
endroits.*
Le Capitaine de Corsi , *blessé legere-
ment.*
Le Capitaine d'Aubonne, *blessé lege-
rement.*
Le Capitaine Roi, *blessé legerement.*
Le Capitaine Petit Pierre, *blessé dange-
reusement.*
Le Capitaine Lieutenant VVallschik ,
blessé.
Le Capitaine Lieutenant Villading ,
perdu.

Au Regiment de Metral.

Tués.

Le Capitaine Facio.
le Capitaine Lieutenant May de Roud,
le Capitaine Lieutenant Coter.
le Lieutenant Chournaire.
le Lieutenant Friburger.

Blessés.

Mr. le Colonel Metral, *blessé & son fils.*
le Capitaine de VVatenvil , *blessé à
travers le Corps.*

Le

le Capitaine Lieutenant de VVatten-
vil son frere , *blessé au bras gauche.*

le Capitaine Lieutenant Alexandre
de Bonstetten.

le Capitaine Menet.

Le Lieutenant St. Denis.

l'Enseigne Menet.

A la reserve des Enseignes Stelger &
de Crauzas , generalement les Officiers du premier Bataillon sont tous
blessés.

Au prémier Bataillon de Dhona General Major, ci-devant Hirzel.

Tués.

Le Major Burckli fils du General.
Le Capitaine Lieutenant de Schunau.
le Capitaine Lieutenant Stolz.
le Capitaine Lieutenant Zvveyffel.
le Lieutenant Tishauser.
6. Sergeants. 1. Tambour, & 97. Soldats.

Blessés.

Le Lieutenant Colonel Paravicini de
Glarus, *dangereusement blessé.*

le Capitaine Lochman , *la Jambe gauche cassée.*

le Capitaine Meyer, 3. *blessures à l'Epaule*

les Enseignes VVertmuller & Lochman,
blessés legerement.

Le

le Volontaire Lochman, *bleſſé à la
Jambe.*
Tout le reſte des bas Officiers, à la re-
ſerve de trois, *ſont morts ou bleſſés.*

Au Regiment Schmit.

Tués.

Le Major Pontazi.

Bleſſés.

Le Colonel *bleſſé dangereuſement.*
Le capitaine Belli.

Tous les autres Capitaines, ou Capitaines Lieutenants, de ce Regiment,
dont on ignore les noms, ont tous
été ou tués, ou bleſſés.

Le Regiment d'Albermarle &
celui de Chambrier ne ſe ſont
pas trouvés à cete Action. Ils
etoient tous deux en garniſon à
Tournai.

*Enfin voici encore en peu de mots à quoi
ſe reduit nôtre perte tant des Generaux que
des autres Officiers, & Soldats tués,
ou bleſſés, à ladite action.*
2. Généraux *tués,* & 5 *bleſſés.*
12. Brigadiers ou Colonels *tués,* & 32
bleſſés.

18. Lieu-

18. Licut. Colonels *tués*, & 26 *blessés.*
11. Majors *tués* , & 37 *blessés*
90. Capitaines *tués*, & 241 *blessés.*
202. Officiers *tués*, & 634 *blessés.*
     Total tués 305. & 987. blessés.
Bas Officiers & Soldats 5310. tués,
13518. blessés , Total   tués ou blessés 20960.
    Chevaux 1178. *tués*, & 520. *blessés.*

Lettre d'un Officier de diſtinction de l'Armée de France contenant une Relation fort diſtincte de la meme bataille.

Au Camp entre Quenoi & Valenciennes le 17. Septemb. 1709.

CE fut le 11. de ce mois entre ſept & huit heures. Du matin, que l'Armée des Alliés attaqua la notre, avec tant de furie, que depuis plus d'un ſiecle, il ne s'eſt vû une action plus ſanglante, que celle qui s'eſt faite ce jour là, & qui ſera memorable à tous les ſiecles à venir.

Les Anglois commancerent l'attaque par les bois de Sart que nous avions remplis d'Infanterie, & parfaitement bien retranchés ; mais on n'y fit pas toute la reſiſtance qu'on auroit dû faire, puiſque du ſuccés de cette attaque dependoit beaucoup celui de la journée. Cependant peu de ceux qui la defendoient, echapérent, tant les Ennemis etoient acharnés, & hachoient en pieces tout ce qui ſe rencontroit devant eux, & memes les morts, lors que leur fureur ne trouvoit plus de vivants à devorer.

Les Hollandois ne furent pas ſi heureux à notre droite, parce que notre Infanterie y fit des merveilles, & ne fut forcée qu'aprés avoir defendu les retranchemens, pendant cinq heures entieres, par un feu des plus violens.

Il eſt conſtant auſſi que les Ennemis ont infiniment ſouffert de ce coté là.   Il furent

)(

rent renversés par plusieurs reprises, & ce
fut là, où il se passa des actions heroiques
de part & d'autre. *Les Suisses sur tout qui*
étoient en cet endroit la, s'y étant surpassés.

L'avantage du Terrain, trois Retranche-
ments consecutifs, rien ne fut capable d'in-
timider nos terribles Ennemis, & on les
voyoit venir à Corps decouvert, non
comme des hommes, mais comme des De-
mons. Des decharges de 20. Pieces de Canon portants à plomb tout à la fois, dans
leur Bataillons, ne pouvoient les ébranler,
quoy qu'elles renversassent de rangs en-
tiers.

La valeur a eclaté de notre coté autant
qu'il a été possible. Les Generaux ne se
sont point epargnés, & ont donné bon
exemple aux troupes, par une opiniatre-
té toute extraordinaire à ne vouloir jamais
ceder la Victoire, & nous la crumes à nous,
lors qu'un gros Corps de Cavalerie en-
nemie, dans le centre de notre Armée plia
à Vauderoute, devant la maison du Roy.
Mais les Generaux Ennemis s'etant mis à
leur tete, les remenerent bien tot au Combat, avec tant de furie, qu'ils enfoncerent
peu apres notre centre, dans le meme tems
que notre droite commançoit à succom-
ber aux efforts de la gauche des ennemis,
& que la notre etoit chassée de ses Retran-
chements, & des bois. Alors la victoire
se declara contre nous, & il falu ceder à
de si terribles efforts. Jamais on n'a vû
nos troupes mieux animées, à bien faire
que cete journée, ni disposition mieux
ordonnée, ni mieux prise, que celle que
les Marechaux de Boufflers & Villars, a-
voi-

voient faite. Mais quand Dieu ne combat point avec les hommes, tout est inutile.

Le Roy doit etre content de ses troupes à cete action. Il n'y a pas de doute que les Ennemsi y ont perdu leur meilleure Infanterie. La notre y a extremement souffert. Nous contons d'avoir laissé au moins 7000. morts sur le Champ de bataille, & nous avons plus de 10000. blessés.

Nous ne pouvons pas encore penetrer le veritable sujet pourquoi l'Ennemi n'a pas temoigné plus d'ardeur à nous poursuivre. Il paroit que ce ne peut etre que la perte de leur Infanterie. Nous avons fait assurement une de plus belles retraites qui se soit faite de memoire d'homme dévant une Armée victorieuse, mais il est sûr aussi que les Ennemis nous en ont donné tout le tems, & qu'ils ne nous ont poursuivis que par forme.

C'etoit cependant toute notre Inquietude, puis que comme j'ay dit, lors que les Ennemis nous foncerent par le Centre, entre les deux bois, notre Armée fut separée, la droite ne pouvant joindre la gauche, parce que les Ennemis se formerent dabort jusques aux hayes de Tanieres, & c'étoit avec justice, qu'on craignoit que la gauche ne fut envelopée, parce qu'elle avoit été poussée la premiere. Il n'etoit pas plus de 2. heures & demie, lors que le combat finit, & les Ennemss avoient encore un beau reste du jour, mais nous fûmes assés bien profiter du tems, puis qu'avant que le soleil fut bas, nous avions deja pas-

paſſé Bavai, & nous etions par conſequent hors de danger.

Nous nous apperçumes alors que notre gauche n'etoit pas pourſuivie plus que nous, & que les Ennemis s'etoient tout à fait contentés du Champ de bataille. Nous vimes cependant toute leur Cavalerie ſur les hauteurs de Tanieres en forme de Croiſſant, & on ignoroit encore leur deſſein vers les cinq heures, mais apres les avoir fait reconnoitre, on eut avis qu'ils y faiſoient halte. A la verité cete nouvelle nous fit beaucoup de plaiſir, puis qu'elle nous donna le tems de reſpirer.

Les Ennemis n'ont fait d'autres priſonniers que les bleſſés qui n'ont pû ſuivre, & ceux qui ſe ſont retirés par foibleſſe à Bavai. Nous contons 1200. Officiers bleſſés, parmi les quels il y en a pluſieurs de diſtinction. Le Marechal de Villars qui aquit beaucoup d'honneur pendant cete journeé par ſa valeur extraordinaire aura peine de ſe tirer d'affaire. Guiche, Albergotti & pluſieurs autres en reviendront.

La maiſon du Roy a perdu pluſieurs Etendarts & une Timbale. Mais il eſt ſûr qu'elle a fait tout ce qu'on devoit attendre d'elle. Les Eugenes, & Marlborougs doivent etre bien contents de nous pendant cete journée puiſque juſques à ce jour là, ils n'avoient jamais trouvé de reſiſtance digne d'eux. Ils pourront dire à préſent avec juſtice, que rien ne doit tenir devant eux, & qu'eſt ce qui pourra arreter le cours rapide de ces 2. fameux Heros, que nous ne pouvons ceſſer d'admirer

mirer, une armée de 100000. hommes, de
meilleures troupes , postées entre deux
bois, triplement retranchées , faisant tout
le devoir que de braves gens peuvent
faire, ne peut seulement les arreter une journée ? ne dirés vous pas avec moyr qu'ils
surpassent tous ceux des siecle passés.